Sternchen
Eine Katzengeschichte

Judith Steinbacher

Lentz

An einem schönen warmen Frühlingstag beschloss die kleine Katze wegzugehen. Sie trat aus der engen Höhle hinaus ins Licht, zurück blieben die zahlreichen Geschwister und die Mutter, die das Futter herangeschleppt hatte, um das sich jetzt alle balgten. Sie war frei. Tief atmete das Kätzchen den Duft der warmen Erde ein. Mit ihren empfindlichen Ohren fing sie die Geräusche der nahen Großstadt auf. Sie fühlte sich groß und stark und ihr Herz war voll von Glück, wie die runde Sonnenscheibe zwischen den Bäumen.

Anna saß auf der Bank unter dem großen Ahornbaum, als sie das schwarze Kätzchen zum ersten Mal sah. Sie wartete hier oft auf die Mutter, die von der Arbeit nach Hause kam.

»Der weiße Fleck auf der Brust sieht aus wie ein Stern«, dachte Anna. »Hallo Sternchen!«, rief sie leise, aber da war das Tier schon in den Büschen verschwunden.

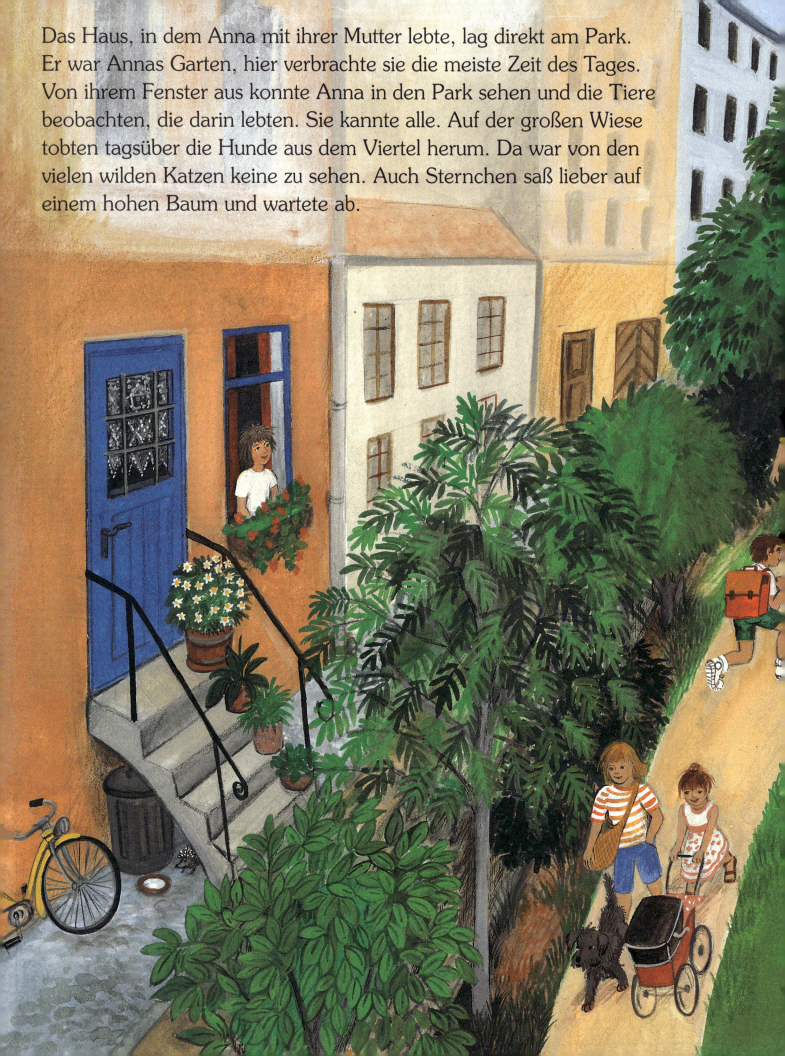

Das Haus, in dem Anna mit ihrer Mutter lebte, lag direkt am Park. Er war Annas Garten, hier verbrachte sie die meiste Zeit des Tages. Von ihrem Fenster aus konnte Anna in den Park sehen und die Tiere beobachten, die darin lebten. Sie kannte alle. Auf der großen Wiese tobten tagsüber die Hunde aus dem Viertel herum. Da war von den vielen wilden Katzen keine zu sehen. Auch Sternchen saß lieber auf einem hohen Baum und wartete ab.

Wenn es abends ruhiger wurde und die Kinder langsam vom Spielplatz nach Hause gingen, kamen die Katzen aus ihren Verstecken und suchten in den Abfalleimern nach Fressen. Sie fanden eine Menge. Auch Sternchen war unter ihnen.

Eines Abends entdeckte Anna Sternchen im Schilf am Teich.
Im Wasser schwammen dicke Fische herum, die ein geschicktes
Kätzchen leicht vom Ufer aus angeln konnte.

Auf den großen Bäumen nisteten Vögel, die ihre Jungen mit lautem Gezeter verteidigten, wenn eine Katze dem Nest zu nahe kam. Und natürlich versuchten alle Katzen, Vögel zu fangen.

Als der Sommer kam, war aus dem kleinen Kätzchen bereits eine junge Dame geworden. Alle Kater aus dem Viertel warben um Sternchens Gunst. Ihr zu Ehren veranstalteten sie ein wunderbares Nachtkonzert, genau vor Annas Zimmer. Anna zog sich die Bettdecke über beide Ohren, aber das nützte nichts. Sie hörte das schauerliche Gemaunze immer noch. In dieser Nacht bekam sie kein Auge zu.

In einer hellen Vollmondnacht verliebte sich Sternchen in einen prächtigen grauen Kater mit Bernsteinaugen, dessen weißer Schnurrbart im Mondlicht glänzte. Anna konnte von ihrem Bett aus sehen, wie die beiden auf der Mauer zusammen spielten und schmusten.

Als der Sommer zu Ende ging, wurde Sternchen Mutter. Vier niedliche Kätzchen brachte sie zur Welt, dabei war sie selbst noch ziemlich klein und dünn. Und sie war stolz auf ihre Kleinen, wie alle Mütter auf dieser Welt.
»Wenn doch wenigstens eins von diesen Kleinen mir gehören würde«, dachte Anna. »Dann könnte ich auch für jemanden sorgen.«

Die Blätter fielen, die Vögel zogen fort und Anna ging jetzt vormittags zur Schule. Oft sah sie Sternchen vor einem Mauseloch sitzen oder im Papierkorb wühlen. Aber mit der Kälte blieben die Kinder aus, die ihre Essensreste in Papierkörbe warfen, und die Mäuse zogen sich in ihre Nester unter der Erde zurück. Die wenigen Leckerbissen, die Sternchen noch ergattern konnte, machten ihr dazu die anderen Katzen streitig. »Armes Sternchen«, dachte Anna. »Sie muss doch vier hungrige Mäuler stopfen!«

Anna fing an ihr Pausenbrot aufzusparen. Wenn sie von der Schule kam, rief sie nach der schwarzen Katze. »Komm her, Sternchen, ich hab was Feines für dich!« Sternchen kannte keine Menschen und hatte Angst vor ihnen. Aber an dieses Menschenkind hatte sie sich schon gewöhnt.
Als es zu frieren begann, wartete Sternchen auf Anna. Jeden Tag. Geduckt blieb sie sitzen und ließ das Mädchen bis auf wenige Schritte an sich heran, bevor sie floh. »Hab doch keine Angst«, sagte Anna traurig. So gerne hätte sie Sternchen gestreichelt und auf den Arm genommen.

Dann fiel der erste Schnee. Sternchens Kinder waren jetzt schon recht groß und immer hungrig. Aber je kälter es wurde, desto schwieriger wurde die Nahrungssuche. Der Teich war zugefroren, die Fische schliefen im Schlamm. Und auch das Mädchen blieb fort. Anna war krank und durfte das Bett nicht verlassen. Die Mutter hatte ihr viele Leckereien und Bilderbücher ans Bett gestellt, aber sie musste zur Arbeit und kam erst abends nach Hause. »Wenn ich wenigstens die Sternchenkatze zur Gesellschaft hätte!«, dachte Anna. »Sicher hat sie nichts zu fressen und friert und hier wäre doch Platz für alle.«

Als die Katzenfamilie eines Abends von einem ihrer weiten Streifzüge zu ihrer Schlafhöhle zurückkam, war sie besetzt. Ein Marder hatte es sich darin bequem gemacht und fauchte böse, als die Kätzchen hineinwollten. In einer Mauernische suchten die verängstigten Tiere Schutz vor dem eisigen Wind. Eng aneinander geschmiegt und frierend verbrachten sie dort die Nacht.

»Da ist ja Sternchen mit ihren Kindern!«, rief Anna ganz aufgeregt, als sie am nächsten Morgen mit der Mutter vom Arzt kam und sie in der Nische kauern sah.
»Die armen Würmchen«, meinte die Mutter. »Vielleicht schaffen wir es, sie zu uns zu locken.«

Die Mutter holte eine Scheibe Wurst aus der Einkaufstasche und warf sie Sternchen vor die Nase. Mit Heißhunger stürzten sich die Katzen auf den Leckerbissen. Dann folgten sie den beiden zögernd. Ab und zu ließ die Mutter ein Stückchen Wurst fallen. So erreichten sie endlich ihre Wohnung.

Die Mutter machte Milch warm, goss sie in ein Schälchen und stellte sie vor die Türe. Mit der Schüssel war ein Schwall von Wärme und Wohlgerüchen nach draußen gekommen, der Sternchen sehnsuchtsvoll an warme Sommertage denken ließ.

Von nun an strichen die Katzen um das Haus der Menschen herum und warteten, dass der wundervolle Teller herausgereicht würde.

»Kommt doch herein«, schmeichelte Anna immer wieder und manchmal ließ sie die Tür einen ganz kleinen Spalt offen.

Einmal, als Anna wieder in der Schule war, wagte es Sternchen, durch ein Fenster in die Wohnung zu schlüpfen. Ängstlich sah sie sich um, immer in Erwartung, dass etwas Schreckliches passieren würde. Aber der Raum war warm und einladend und überhaupt nicht bedrohlich.

Allmählich hatten sich Sternchens Kinder so an Anna gewöhnt, dass sie nicht mehr vor ihr wegliefen und sich sogar ein bisschen streicheln ließen.

Am Weihnachtsabend war es bitterkalt. Und als Anna voll Sorge nach ihren Kätzchen sehen wollte, schlüpfte das erste durch den offenen Spalt der Küchentür. Langsam und ganz, ganz vorsichtig folgte der Rest.

»Fröhliche Weihnachten«, lachte die Mutter und zündete die Kerzen am Christbaum an. »Sternchen ist heute zu uns gekommen.«
Draußen pfiff der eisige Wind. Zufrieden kuschelten sich die Kätzchen zu Anna auf das Sofa. Sie hatten ein Zuhause gefunden. Und für Anna war es das schönste Weihnachtsgeschenk von allen.